MW01679866

Philippe Schuwer et Dan Grisewood

ont créé cette collection.

Michael Chinery a écrit ce livre.

Valérie Massia l'a adapté, avec les conseils de Laurent Granjon,

maître de conférences au Laboratoire de zoologie

du Museum national d'Histoire naturelle,

de Brian Williams et de Brenda Cook.

Camilla Hallinan et Véronique Herbold ont coordonné l'édition.

Craig Austin, Ian Jackson, Terence Lambert, Kevin Maddison,

Alan Male et David Wright ont illustré ce livre

d'après une maquette de Caroline Johnson.

Annie Botrel a assuré la fabrication

et Monique Bagaïni la correction.

Ma Première ENCYCLOPÉDIE

© Larousse 2005 pour la présente édition.
© Larousse, 1992. Tous droits réservés.
Illustrations Larousse/Grisewood
& Dempsey Ltd., 1992.
Toute reproduction, par quelque procédé que ce soit,
et qui est la propriété de l'Éditeur,
est strictement interdite.
ISBN 2-03-565153-0
N° projet : 10117237
Composé par SCP, Bordeaux.
Photogravé par Tecfa, Barcelone.
Imprimé par G. Canale & C. S.p.a. - Borgaro T.se - Turin
Dépôt légal : septembre 2005
Imprimé en Italie (printed in Italy)

Les **animaux**

LAROUSSE

Entrons dans ce livre

LE MONDE DES ANIMAUX

MAMMIFÈRES

OISEAUX

REPTILES

AMPHIBIENS

POISSONS

D'AUTRES ANIMAUX

Le monde

des animaux

Un animal, c'est...

Les animaux et les plantes ont tous besoin d'énergie pour vivre. Voici comment ils se procurent cette énergie vitale.

Les plantes utilisent l'énergie solaire. Mais pas les animaux.

Les animaux puisent leur énergie dans leur nourriture. Les uns mangent des animaux, les autres des plantes.

Comme les escargots et les girafes, les hommes respirent, mangent et grandissent.

Classes d'animaux

Il existe bien des animaux différents.
Les scientifiques les ont répartis en groupes.

La tortue est un reptile.

L'épinoche est un poisson

Le grillon est un insecte.

La souris est un mammifère.

La grenouille est un amphibien.

Le paon est un oiseau.

zèbre

renard

Chaque classe (mammifères, oiseaux, reptiles, poissons, amphibiens) comprend des animaux qui ont des particularités communes. Ici, ce sont des mammifères.

panda

ours brun

Combien d’animaux ?

Il existe plus de un million d’espèces animales connues.

Les scientifiques divisent les espèces en deux grands groupes : les animaux qui ont une colonne vertébrale : les vertébrés, et ceux qui n’en ont pas : les invertébrés.

Certaines espèces disparaissent parce que les hommes les tuent ou parce qu’ils détruisent leur environnement (forêts, mers, rivières...).

Ces deux groupes principaux en contiennent de plus petits. Tu les découvriras en lisant ce livre.

4 000 amphibiens

4 150 mammifères

6 500 reptiles

VERTÉBRÉS

Ce tableau t'indique le nombre d'espèces de chaque groupe.

Animaux microscopiques

Beaucoup d'animaux sont si petits qu'il faut un puissant microscope pour les voir. Des centaines sont à peine plus grands qu'une tête d'épingle.

Ces organismes vivent surtout dans l'eau.

Elle n'en a pas l'air, mais la minuscule paramécie est un animal, car elle se déplace et se nourrit.

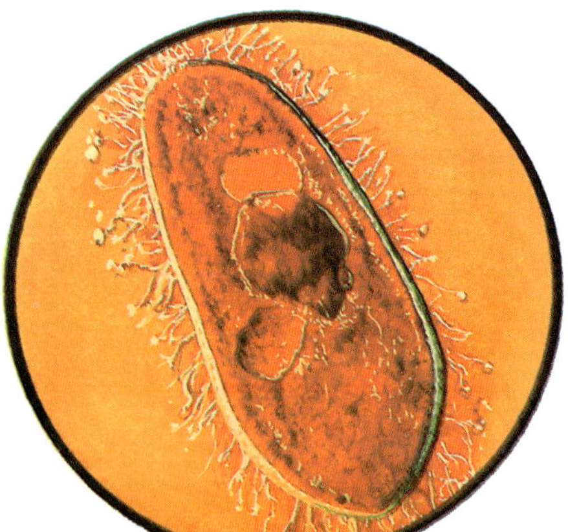

La paramécie évolue dans l'eau en agitant ses rangées de petits cils.

Ses cils lui servent aussi à pousser la nourriture dans sa bouche.

Mammifères

Un mammifère, c'est...

lapins

Les petits de tous les mammifères tètent le lait de leur mère.

La plupart des mammifères ont un corps poilu. Certains ont même un épais manteau de fourrure qui les protège du froid.

L'homme, un mammifère.

Presque tous se déplacent à quatre pattes.

Ceux qui chassent d'autres animaux pour en manger la viande sont carnivores.

Les mammifères qui ne mangent que des plantes, comme ce lapin, sont herbivores.

Ils peuvent entendre, voir et sentir ce qui les entoure.

Les moustaches aident le lapin à mieux percevoir l'environnement.

Pour saisir quelque chose, certains utilisent doigts et orteils.

Les singes

Beaucoup de singes aiment vivre dans les arbres ; ils ont un bon équilibre.

Ils attrapent leur nourriture en passant d'arbre en arbre.

Les petits s'agrippent à leur mère pour se déplacer.

Pour s'accrocher aux branches, certains singes se servent de leur queue aussi bien que des mains et des pieds.

gibbon

Les grands singes, sans queue, utilisent mains et pieds pour se balancer...

... et serrer leurs petits contre eux.

orang-outan

Intelligent, le chimpanzé sort les termites du nid avec une baguette.

chimpanzé

Les gorilles

Les gorilles sont les plus grands des singes. Malgré leur apparence, ils ne sont pas féroces. Herbivores, ils se nourrissent surtout de feuilles.

Les gorilles vivent en familles. Ils se comportent aussi comme nous quand ils se tiennent debout, jouent ensemble et câlinent leurs bébés.

Des rongeurs actifs

Les castors sont des rongeurs. Ils se servent de leurs dents pour couper de petits arbres afin de construire des barrages. Ils bâtissent des huttes et font des provisions de brindilles et de branchettes dans l'eau pour l'hiver.

Les rongeurs ont des dents de devant puissantes.

Avec les pattes de devant, les écureuils attrapent les noix qu'ils grignotent.

Les marmottes sont des rongeurs qui vivent en colonies dans des terriers souterrains.

Les loirs dorment le jour et mangent la nuit. En hiver, ils se roulent en boule dans des nids douillets : ils hibernent.

Vivre en bandes

Certains mammifères vivent en groupes. Ce sont des hardes ou des troupeaux.

Les loups vivent et chassent en meutes comptant parfois 40 loups chacune. Tous ensemble, ils réussissent à poursuivre et à capturer un animal de grande taille. Un loup seul n'y arriverait pas.

Les herbivores sont plus en sécurité s'ils vivent en troupeaux, comme les rennes. Un guetteur prévient le groupe s'il voit, entend ou sent un danger.

Petits et gros félins

Tous les félins sont carnivores : ils mangent donc d'autres animaux. Grâce à une vue perçante, leur excellente ouïe et leur odorat, ils trouvent leurs proies, c'est-à-dire les animaux qu'ils chassent.

Leur longue queue les aide à garder leur équilibre pendant qu'ils courent ou sautent.

Certains grands félins sont très rapides. Un guépard peut courir à 110 km/h.

Les coussinets de leurs pattes leur permettent d'approcher leur proie sans être entendus.

De leurs griffes et de leurs crocs acérés, ils saisissent et tuent leur proie.

Alors que la plupart des félins vivent solitaires, les lions vivent en bandes.

Le tigre

Les tigres sont les plus gros félins. Ils se camouflent dans les hautes herbes et les arbres grâce aux rayures de leur pelage.

Comme la plupart des félins, le tigre vit et chasse ses proies en solitaire.

Les bébés tigres naissent aveugles et n'ouvrent les yeux qu'à l'âge de deux semaines. Au début, ils tètent leur mère.

La mère surveille ses petits pendant deux ans environ et leur apprend à chasser.

L'éléphant

Sur terre, les éléphants sont les plus gros animaux. Ils peuvent atteindre 3,5 mètres de haut et peser jusqu'à 6 tonnes.

Grâce à leur longue trompe, ils portent l'eau et les aliments à leur bouche.

Ils sont si forts qu'ils peuvent renverser les arbres pour en manger les feuilles.

Le plus gros de tous

Le plus gros animal est un mammifère qui vit dans l'océan : la baleine bleue. Cependant, elle ne mange que des petites crevettes, le krill. Ses mâchoires ne portent pas de dents, mais une rangée de fanons.

Une baleine bleue équivaut à 6 éléphants.
La plus lourde connue pesait 190 tonnes.

Quand la baleine remplit sa bouche d'eau, celle-ci ressort, mais les crevettes sont piégées par les fanons.

Dans l'eau

L'hippopotame passe la plus grande partie de la journée immergé dans l'eau pour se rafraîchir. La nuit, il en sort pour manger herbes et autres plantes.

Les phoques vivent dans la mer. Munis de puissantes nageoires, ils nagent bien et plongent profondément pour pêcher des poissons. Ils vont à terre pour se chauffer au soleil ou donner naissance à leurs petits. Ils ne marchent pas : ils rampent.

L'ours polaire

Les ours polaires vivent dans l'Arctique. Une épaisse fourrure blanche les protège du froid et les camoufle sur la glace.

Ce sont de bons nageurs, qui chassent et mangent phoques et poissons.

Parfois, l'ours guette un phoque qui vient respirer par un trou dans la glace.

Ils ont une poche

Les koalas appartiennent au groupe des marsupiaux. Ces mammifères ne sont pas des ours. Les koalas ne mangent pas de viande : ils n'aiment que les feuilles d'eucalyptus.

Tout petits à la naissance, les bébés marsupiaux rampent directement dans la poche située sur le ventre de leur mère.

Là, ils grandissent et tètent en toute sécurité.

Le bébé kangourou reste huit mois dans cette poche.

kangourous

opossums

Les opossums et les wombats sont aussi des marsupiaux.

wombats

Elles volent

Les chauves-souris sont les seuls mammifères qui peuvent voler. Leurs longs doigts liés par de la peau forment des ailes. Elles portent de la fourrure.

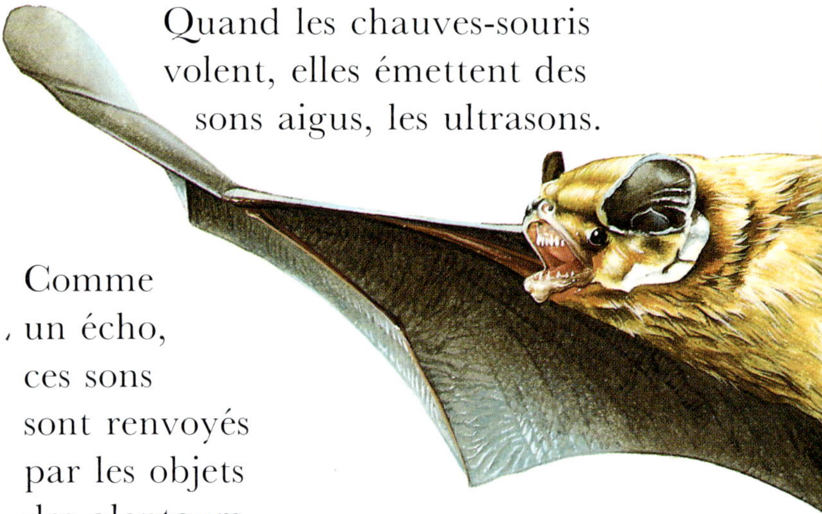

Quand les chauves-souris volent, elles émettent des sons aigus, les ultrasons.

Comme un écho, ces sons sont renvoyés par les objets des alentours. C'est pourquoi les chauves-souris ne se cognent pas, même dans le noir.

Ces échos sont également renvoyés par d'autres animaux. C'est ainsi que les chauves-souris trouvent leur nourriture.

Elles dorment suspendues tête en bas dans des grottes et des arbres creux.

Presque toutes sont nocturnes : elles dorment le jour et chassent la nuit.

La plupart mangent des insectes. Mais la plus grande chauve-souris, la roussette, mange des fruits.

Certaines chauves-souris saisissent des poissons dans l'eau avec leurs pattes.

Sais-tu que...

L'animal le plus haut est la girafe : avec son long cou, elle mesure plus de 5 m.

Chaque jour, un éléphant doit manger plus de 200 kg de nourriture et boire 200 l d'eau.

Sous l'eau, un hippopotame peut retenir sa respiration pendant environ 4 min. Certains phoques peuvent rester immergés pendant environ 45 min. Et quelques baleines plongent pendant plus de 1 heure avant de remonter respirer à la surface.

De tous les mammifères, c'est le paresseux qui est le plus lent. Il peut rester en permanence suspendu la tête en bas dans les arbres des forêts d'Amérique du Sud. Il n'avance pas à plus de 1 km/h.

Oiseaux

Un oiseau, c'est...

Tous les oiseaux ont des plumes et des ailes, et la plupart volent.

pigeon

Pour voler,
un oiseau
s'appuie sur l'air
avec ses ailes, et le
repousse pour avancer.

Quand l'hiver arrive,
certains oiseaux partent
en direction de pays plus
chauds. C'est la migration.

Tous pondent des
œufs. À l'éclosion, la
coquille est cassée par
le poussin qui sort.

Les yeux d'un oiseau sont en général situés de chaque côté de la tête pour qu'il puisse voir tout autour de lui. Ses oreilles sont invisibles.

Dépourvus de dents, les oiseaux ont un bec, parfois recourbé.

Les griffes au bout des pattes servent à agripper.

Les plumes

Seuls les oiseaux ont des plumes. Elles leur donnent de belles couleurs et leur tiennent chaud.

étourneau

macareux

flamant rose

huppe

faisan doré

Un minuscule colibri bat des ailes 60 fois par seconde.

L'autruche ne peut voler, mais elle court très vite.

Les becs

Becs et pattes révèlent la nourriture des oiseaux.

toucan

Les becs longs et forts des toucans peuvent attraper fruits et noix à travers les feuilles.

moineau

roitelet

Les becs courts des moineaux servent à écraser les graines. Les becs pointus des roitelets servent à attraper les insectes.

courlis

Les becs longs et fins des courlis pcuvent fouiller sable et vase.

aigle
royal

Comme tous
les rapaces,
les aigles ont des serres pour agripper
et des becs crochus pour déchiqueter.

Les pélicans
pêchent les
poissons avec
leur énorme bec.

pélicans

Les nids

Les oiseaux construisent des nids cachés ou hors de portée des ennemis pour que leurs œufs soient à l'abri.

Le nid haut perché des cigognes est fait de brindilles.

La fauvette couturière construit un petit nid soigné en reliant deux feuilles.

Le pic creuse un trou dans un arbre pour y faire son nid.

Le nid douillet du pinson est fait de mousse et de plumes.

pinson

pic

fauvette couturière

Les œufs

Grâce aux aliments et à l'eau contenus dans l'œuf, l'embryon protégé par sa coquille devient un poussin de plus en plus gros.

étourneau

huppe

aigle royal

goéland

poussin du goéland

C'est l'éclosion : le poussin casse sa coquille pour s'en extraire. La grosseur et la couleur des œufs varient selon les espèces.

Les rapaces nocturnes

La chouette est un oiseau nocturne qui chasse la nuit et dort le jour.

Bientôt, les poussins sauront voler et chasser. Ils quitteront alors le nid.

La chouette effraie pond ses œufs dans des trous, sur des corniches ou dans des bâtiments vides. Après l'éclosion, elle nourrit ses poussins (ici, avec un rat).

Nageurs et plongeurs

Certains oiseaux vivent surtout sur l'eau. Les manchots ne volent pas, mais leurs ailes leur servent de nageoires. Ils plongent pour attraper des poissons.

Les oiseaux nettoient et lissent leurs plumes avec le bec.

oie du Canada

cygne et ses poussins

La plupart des oiseaux aquatiques ont des pattes courtes et puissantes. Leurs pieds palmés leur servent de pagaies.

colvert

Certains oiseaux pêchent des poissons ; d'autres mangent des plantes.

Le martin-pêcheur

Perché sur une branche au-dessus d'une rivière, le martin-pêcheur peut guetter les poissons pendant des heures.

Dès qu'il voit le poisson, il plonge à la verticale, ailes repliées. Il saisit sa proie de son bec fort et pointu.

Grâce à ses ailes, il remonte à la surface et vole vers son perchoir. Puis il lance en l'air le poisson et l'avale entièrement, la tête la première.

Il secoue et lisse ses plumes pour les sécher. Il est alors prêt pour un nouveau plongeon, qui dure une seconde environ.

Sais-tu que...

Les colibris sont les plus petits oiseaux, et les seuls oiseaux qui peuvent voler à reculons.

Les cigognes sont muettes, mais elles font claquer leur bec bruyamment.

Les autruches sont les plus gros oiseaux. Elles pondent les plus gros œufs : chacun mesure environ 15 cm de longueur.

Le martinet géant d'Asie est l'oiseau le plus rapide : il peut voler à 240 km/h et jusqu'à 320 km/h.

La sterne arctique traverse chaque année la Terre, puisqu'elle fait l'aller et retour entre l'Arctique et l'Antarctique, soit environ 40 000 km.

Reptiles

Un reptile, c'est...

Crocodiles, serpents, lézards, tortues terrestres et marines sont des reptiles, comme les dinosaures de jadis.

Les reptiles ont une peau écailleuse et, souvent, de belles couleurs.

Certains reptiles vivent plus longtemps que toute autre espèce animale.

Une tortue peut vivre plus de 150 ans.

Comme les reptiles sont des animaux à sang froid, ils ne peuvent pas se réchauffer quand il fait froid. C'est pourquoi ils recherchent le soleil. Presque tous les reptiles vivent dans les pays chauds.

S'ils ont trop chaud, ils se réfugient à l'ombre ou dans de l'eau fraîche.

lézard ocellé

Quelques reptiles donnent naissance à des petits vivants, mais la plupart pondent des œufs à coquille molle et souple. Les œufs d'oiseaux, eux, sont durs.

Ceux qui vivent dans les pays froids hibernent pendant l'hiver et se réveillent au printemps.

Le caméléon

Le caméléon est un lézard qui vit dans les arbres et qui s'agrippe aux branches.

En projetant sa longue langue gluante, il capture des insectes qu'il mange.

La couleur des caméléons est normalement verte ou marron, mais elle change pour s'assortir au milieu naturel. Contre les ennemis, ce camouflage est utile !

Un caméléon en colère devient plus sombre. Quand il a peur, il pâlit.

Une nouvelle peau

Les lézards et les serpents changent de peau en grandissant, quand leur vieille peau devient trop étroite ou quand elle est éraflée et usée : ils muent.

Pendant cette mue, ils s'isolent et bougent peu. Une substance huileuse se répand entre la vieille peau, qui devient sèche, molle et terne, et la nouvelle peau qui est en dessous.

gecko à bandes

Les lézards se frottent contre les pierres ou toute autre surface rugueuse et arrachent leur vieille peau par lambeaux.

Cette couleuvre éclôt. En grandissant, elle mue chaque mois ou tous les deux mois.

couleuvre des rois

Le serpent frotte sa tête contre quelque chose de rugueux pour que sa vieille peau se fende. Il s'extrait alors de cette enveloppe qui part d'un seul morceau.

Les serpents

Tous les serpents sont carnivores. La gueule grande ouverte, ils peuvent engloutir sans les mâcher des animaux entiers souvent plus grands qu'eux.

Quelques serpents venimeux empoisonnent leur proie en la mordant : leurs crochets injectent du venin. Souvent, ils alertent les grands animaux en sifflant, crachant ou en agitant bruyamment la queue.

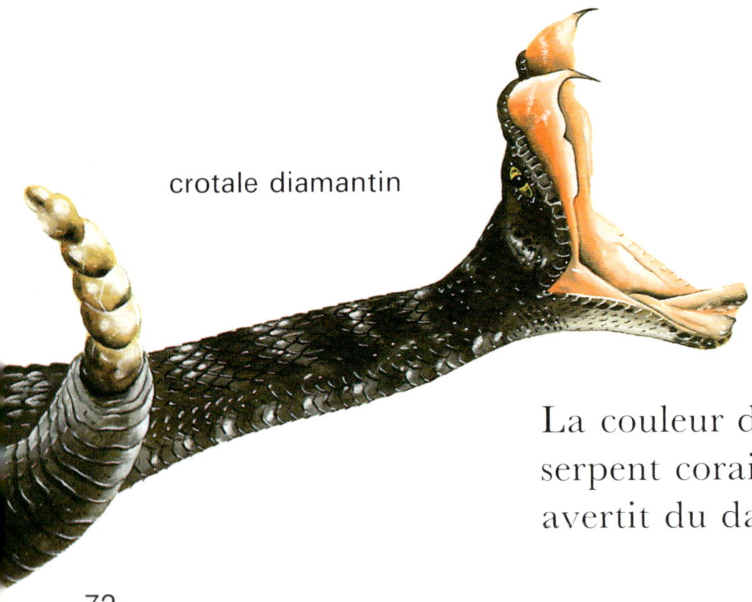

crotale diamantin

La couleur du serpent corail avertit du danger.

serpent corail

Quelques serpents, comme les boas constricteurs et les pythons, tuent leur victime en s'enroulant autour d'elle pour l'étouffer.

python vert

anaconda

L'anaconda est un boa qui vit près de l'eau. Il peut nager très vite.

cobra

Les cobras sont venimeux. Quand ils se dressent en dilatant la peau de leur cou, ils sont encore plus effrayants.

Les crocodiles

Crocodiles et alligators sont les plus grands des reptiles (6 m pour certains). Ils peuplent les rivières des pays chauds.

Seules les narines du crocodile sortent de l'eau quand il guette sa proie venue boire. Ce puissant nageur la saisit alors dans ses énormes mâchoires et l'entraîne au fond de l'eau.

Les crocodiles sont des parents attentifs qui veillent sur leurs œufs et leurs petits après l'éclosion.

Les tortues de mer

Alourdies par leur carapace, les tortues de mer se déplacent lentement sur la terre. Dans l'eau, ce sont de rapides nageuses. Elles mangent algues et poissons.

Elles pondent leurs œufs sur un sol sec. La tortue verte creuse un trou sur la plage.

Elle recouvre de sable son nid rempli d'œufs, puis regagne la mer. Après l'éclosion, les jeunes se précipitent vers l'eau, mais, en route, beaucoup font le régal des oiseaux.

La tortue géante

D'autres tortues sont terrestres. Herbivores, elles se nourrissent de feuilles, fruits et herbes. Elles n'ont pas de dents, mais une bouche dure comme un bec.

La tortue géante mesure environ 76 cm de haut et 180 cm de long. Elle pèse plus de 200 kg.

À l'approche du danger, la tortue s'abrite en rentrant la tête et les pattes dans sa carapace.

Sais-tu que...

Les lézards peuvent couper leur queue pour échapper à un agresseur, qui n'a alors que la queue entre ses dents. La queue du lézard repousse.

Le plus grand lézard est le dragon de Komodo, qui atteint 3 m de longueur. Il se nourrit de chèvres et de petits cerfs.

Avec leurs 10 m de long, l'anaconda et le python réticulé sont les plus grands de tous les serpents.

La tortue-alligator a une ruse pour attraper les poissons. Elle attend dans l'eau, gueule ouverte, que sa victime vienne examiner le bout de sa langue, qui ressemble à un ver. Alors, elle la happe.

Amphibiens

Un amphibien, c'est...

Grenouilles, crapauds, tritons et salamandres sont des amphibiens. Un amphibien pond dans l'eau des œufs qui se transforment en têtards. Une fois adultes, ceux-ci sortent de l'eau.

Les amphibiens ne peuvent vivre dans l'eau salée. Il n'y en a donc pas dans la mer.

Les grenouilles et les crapauds ont des pattes puissantes pour sauter et nager.

Leurs pieds palmés leur servent de pagaies dans l'eau.

Pour mieux voir, les amphibiens ont deux grands yeux sur la tête. Leur odorat est bon, même sous l'eau.

Les grenouilles et les crapauds attrapent des araignées grâce à leur longue langue.

crapaud vert

Animaux à sang froid comme les reptiles, les amphibiens ont, eux, une peau molle, humide et sans écailles.

Pourquoi coassent-ils ?

Comme les amphibiens sont des animaux à sang froid, ils se cachent et hibernent pendant l'hiver. Ils retournent dans l'eau au printemps, quand le temps est meilleur.

rainette des roseaux

Au printemps, les grenouilles et les crapauds mâles gonflent leur gorge et coassent bruyamment pour attirer les femelles, qui pondront ensuite leurs œufs dans l'eau.

Les têtards sortent des œufs et respirent comme les poissons, puis il leur pousse des poumons. Les pattes se développent et la queue disparaît.

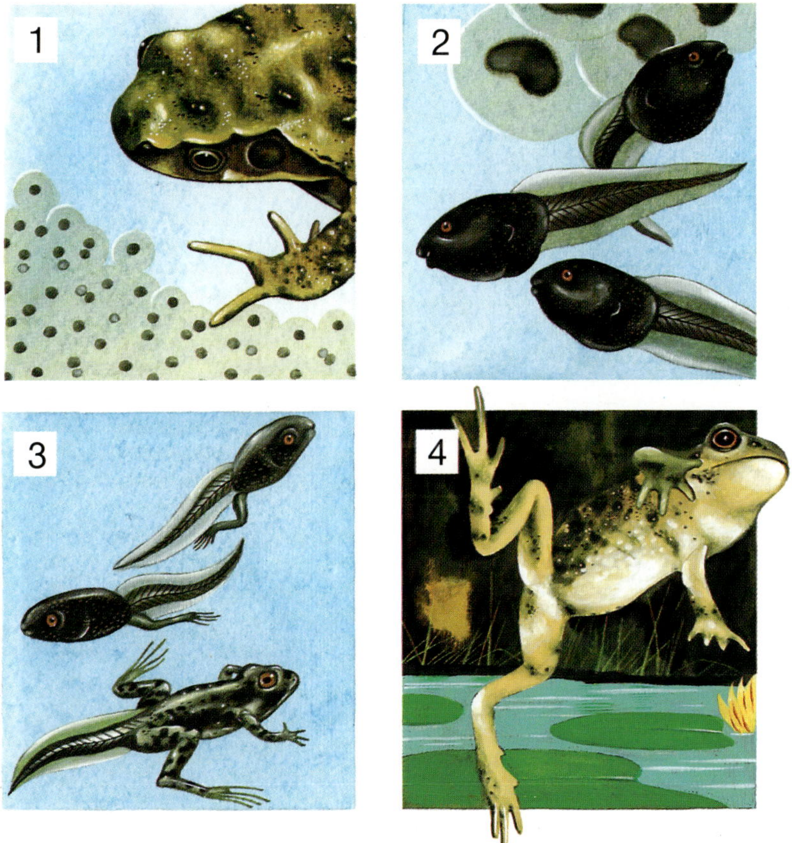

À 4 mois, les grenouilles quittent l'eau pour chasser de petits animaux à terre.

La rainette

Les rainettes colorées vivent dans les arbres. Elles s'agrippent aux branches grâce aux pelotes adhésives sur leurs orteils.

Tritons et salamandres

Les tritons sont des amphibiens qui gardent leur queue toute la vie. Les salamandres sont des tritons qui vivent sur terre.

triton crêté

salamandre tachetée

salamandre noire

triton ponctué

salamandre
rouge
des prés

Sais-tu que...

L'animal le plus venimeux du monde est un amphibien : le dendrobate kokoi de Colombie.

Quelques grenouilles portent leurs œufs sur elles, soit dans leur bouche, soit dans des poches sur le dos.

Les crapauds à cornes vivent dans le désert et ne sortent que pendant la saison des pluies. La croissance des têtards doit être rapide avant que la mare ne sèche.

La plus grosse grenouille du monde est la grenouille Goliath, avec 30 cm de long.

La salamandre géante, de presque 2 m de long, est le plus gros amphibien.

Poissons

Un poisson, c'est...

Un poisson vit toujours dans l'eau, soit dans la mer, soit dans les rivières et les lacs. La plupart sont couverts d'écailles.

Son âge peut être connu par ses écailles, qui croissent chaque année.

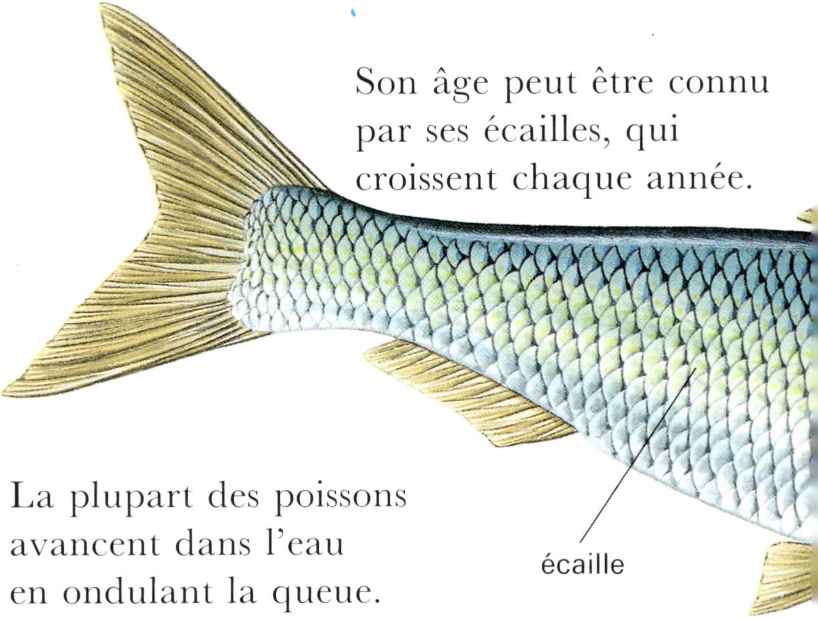

La plupart des poissons avancent dans l'eau en ondulant la queue.

Ils se dirigent avec leurs nageoires, qui servent aussi de freins.

Comme tous les animaux, les poissons ont besoin d'oxygène pour vivre. L'eau contient de l'oxygène.

L'eau entre dans la bouche du poisson et passe par ses branchies, qui absorbent l'oxygène. L'eau ressort par les ouïes, sur les côtés de la tête.

Comme ils n'ont pas de paupières, les yeux des poissons restent toujours ouverts.

La plupart des poissons pondent des œufs. Le hareng en pond des milliers à la fois, mais, sans coquille, beaucoup seront mangés par d'autres poissons.

Drôles de poissons

Les poissons ont toutes sortes de formes, de couleurs et de tailles.

piranha

Le poisson-papillon a une granche tache en forme d'œil pour tromper ses ennemis.

Le poisson-globe se gonfle pour paraître plus gros.

Au fond de la mer, le carrelet plat et tacheté est peu visible.

L'hippocampe nage grâce à une nageoire dorsale et non avec sa qucue.

La peau de
l'anguille est
visqueuse,
sans écailles.

poisson rouge

poisson-tigre

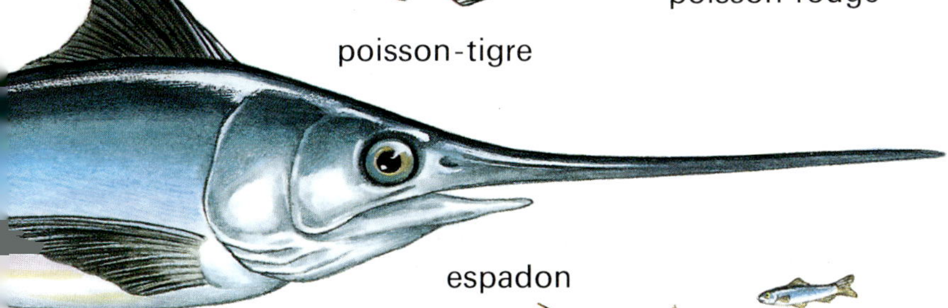

espadon

Les baudroies attirent leurs proies dans leur gueule en agitant une longue épine terminée par une sorte d'appât.

Les requins

Certains poissons mangent des plantes aquatiques, d'autres des poissons.

Rapides nageurs et féroces chasseurs, les requins dévorent toutes sortes d'animaux.

Les requins ont un bon odorat, qui leur permet de trouver leurs proies. Tu vois ici deux grands requins blancs qui poursuivent un dauphin.

Il est arrivé que certains grands requins attaquent l'homme.

Le voyage du saumon

Étonnants, les saumons naissent dans les rivières, puis descendent vers la mer. Au moment de la reproduction, ils nagent de la mer vers la rivière où ils sont nés.

La femelle pond ses œufs au fond d'un cours d'eau. À leur éclosion, les petits s'appellent des alevins. Au bout de six semaines, ce sont des saumoneaux, qui vivent dans la rivière pendant deux ans. Enfin, devenus adultes, ils retournent à la mer.

Sais-tu que...

La femelle hippocampe pond ses œufs dans une poche située sur le corps du mâle. Quand les œufs éclosent, le mâle expulse les bébés de la poche.

Avec ses 40 tonnes, le requin-baleine est le plus gros poisson. Sa peau, de 20 cm environ, est la plus épaisse connue.

Le poisson le plus rapide est le voilier : il peut nager à plus de 100 km/h.

En crachant un jet d'eau, le poisson archer fait tomber les insectes posés sur les feuilles, puis il les mange.

Certains saumons du Pacifique parcourent jusqu'à 16 000 km dans l'océan pour venir pondre dans les rivières.

D'autres

animaux

Les mollusques

Il y a un animal dans chacune de ces coquilles. Tous sont des mollusques.

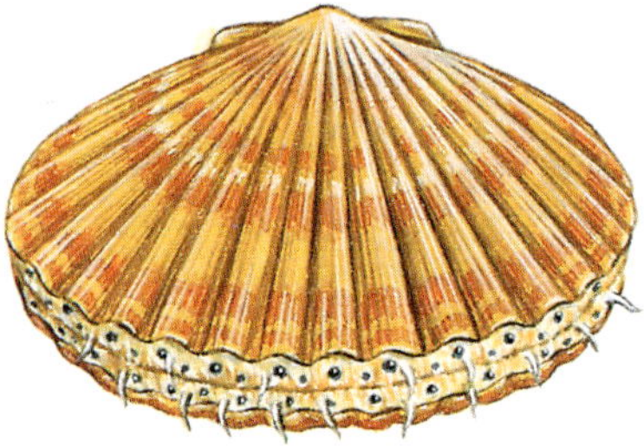

coquille Saint-Jacques

couteau

Les mollusques filtrent leur nourriture dans l'eau. Les deux parties de leur coquille se referment en cas de danger.

moule

bénitier

troque

Sur terre et dans la mer, certains ont une coquille faite d'une seule pièce.

Ils peuvent rentrer leur corps dans leur coquille pour se protéger.

nautile

conque royale

Les escargots n'ont pas de pattes. Ils rampent sur un pied musclé.

littorine

escargot

D'autres mollusques

Beaucoup de mollusques sans coquille vivent dans la mer, et certains sur terre. Leur corps, pour rester humide, est recouvert de bave.

La limace mange des plantes. Elle respire l'oxygène contenu dans l'air.

La limace de mer absorbe l'oxygène de l'eau au moyen de branchies situées sur son dos. Elle mange de petits animaux marins.

La pieuvre est l'un des plus gros mollusques. Elle attrape sa proie avec ses huit longs bras ou tentacules, couverts de ventouses.

Les crustacés

Tous les crustacés sont revêtus d’une carapace résistante qu’ils changent dès qu’ils grossissent : c’est la mue.

Ils se dirigent grâce à leurs longues antennes.

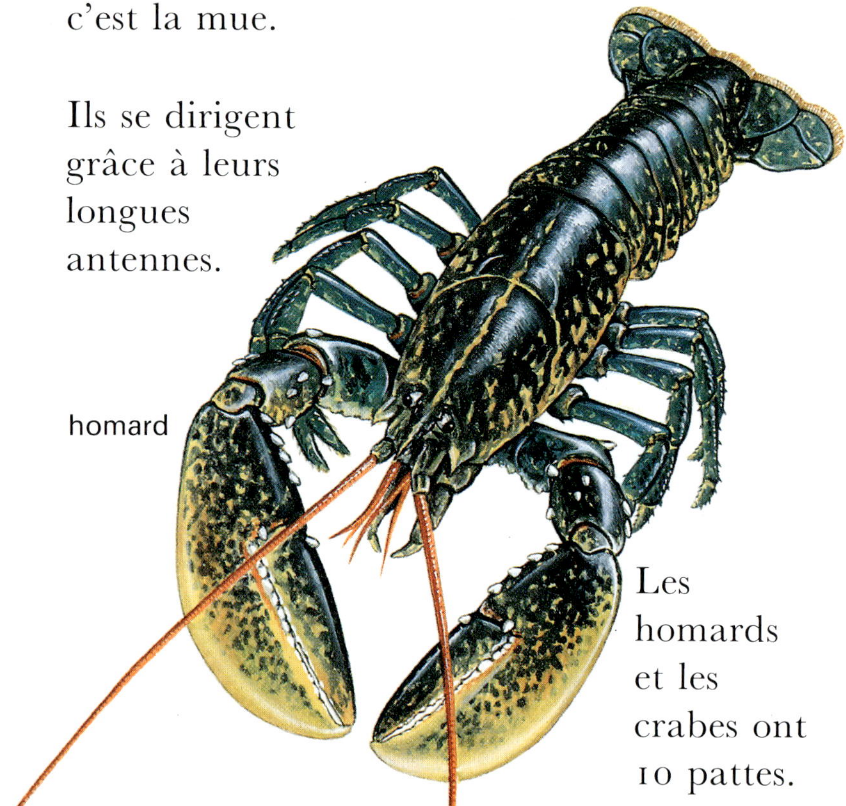

homard

Les homards et les crabes ont 10 pattes.

Leurs immenses pinces leur servent pour se défendre et pour attraper leur nourriture.

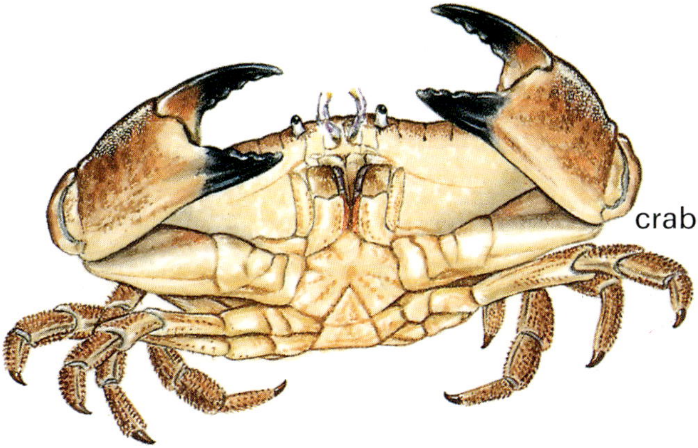

crabe commun

Les crabes et les homards marchent au fond de la mer. Certains nagent très bien.

Le bernard-l'ermite vit dans une coquille abandonnée. Il en change lorsqu'il grandit.

bernard-l'ermite

Les crevettes ont 10 pattes pour marcher et plus pour nager.

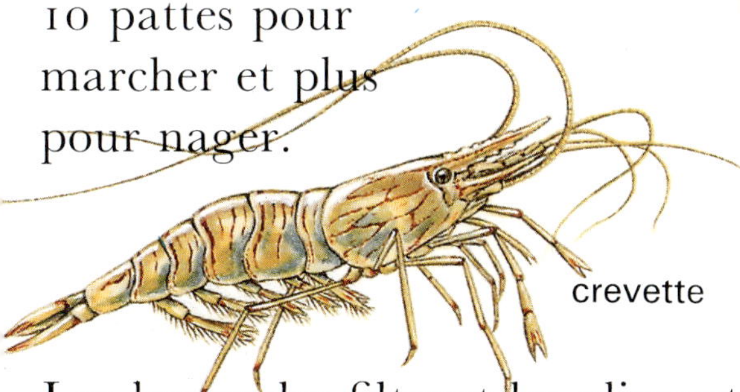

crevette

bernacle

Les bernacles filtrent les aliments en suspension dans l'eau à l'aide de « cirres ».

Les araignées

Les araignées font partie de la classe des arachnides. Elles ont 8 pattes.

De petits tubes sur leur ventre fabriquent des fils de soie pour tisser les toiles.

Cette araignée fabrique de grandes toiles avec sa soie. Les insectes se prennent dans la toile, et l'araignée les mange.

Grâce à l'huile qui couvre ses pattes, l'araignée ne se colle pas à sa proprc toile.

Leurs pattes velues leur permettent de grimper aux murs et de marcher au plafond.

L'araignée mangeuse d'oiseaux est la plus grosse. Elle mesure jusqu'à 25 cm de large, autant qu'une assiette.

La plupart des araignées ont 2 rangées de 4 yeux, ce qui fait 8 yeux en tout.

Mais elles ne voient pas très bien. Les poils sensibles de leurs pattes et leurs 2 palpes les aident à se diriger.

Au fur et à mesure de la croissance, de nouvelles peaux remplacent les anciennes.

La toile d'araignée

Pour tisser sa toile, cette araignée tend un pont en gros fil, puis des fils droits et, enfin, une spirale de soie collante.

Les vibrations de la toile indiquent à l'araignée qu'un insecte s'est pris dans le piège. Elle le mord avec ses crochets venimeux, l'enveloppe de soie puis le mange.

Un insecte, c'est...

Tous les insectes ont 6 pattes, et la plupart peuvent voler. Certains insectes ont une paire d'ailes, d'autres deux.

Une coccinelle a 2 paires d'ailes. Ses ailes de devant, dures, couvrent celles de derrière, plus délicates, quand l'insecte ne vole pas.

Les couleurs éclatantes des ailes dures de la coccinelle préviennent les autres animaux qu'elle a un goût désagréable.

Le corps des insectes a 3 parties : une tête devant, un thorax au milieu et un abdomen au bout.

Les pattes et les ailes d'un insecte sont attachées au thorax.

Les insectes ont 2 yeux qui peuvent voir tout autour d'eux.

Deux antennes les aident à mieux percevoir ce qui les entoure.

La bouche de certains insectes aspire comme avec une paille. Mais la coccinelle a des mâchoires pour broyer.

La coccinelle mange d'autres insectes : les pucerons.

D'autres insectes

Il existe plus de un million d'espèces d'insectes. Ils sont donc, de loin, les plus nombreux des animaux.

fourmis

criquet

punaises des bois

coccinelles

papillon

bourdon

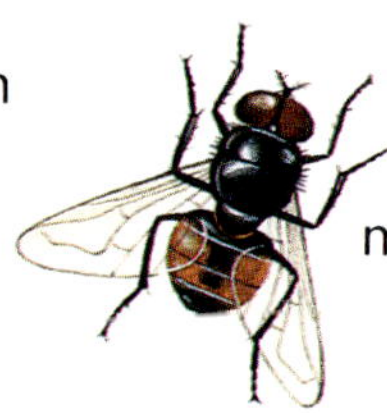
mouche

libellule

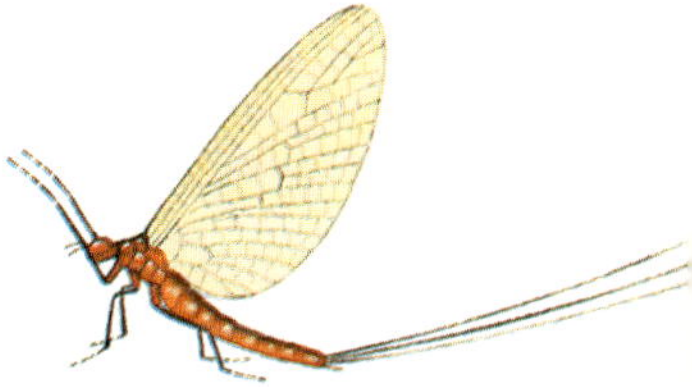

éphémère

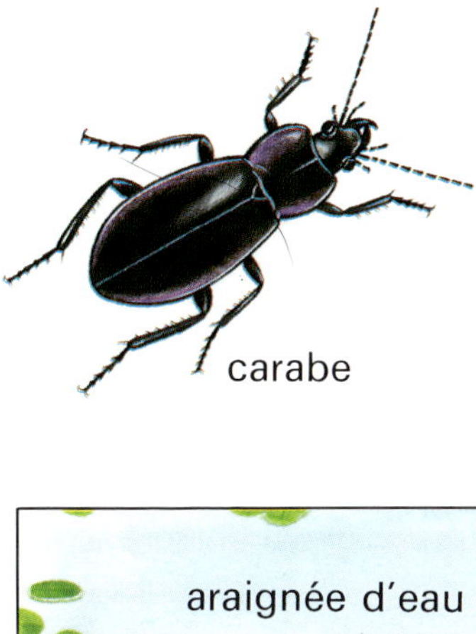

carabe

perce-oreille

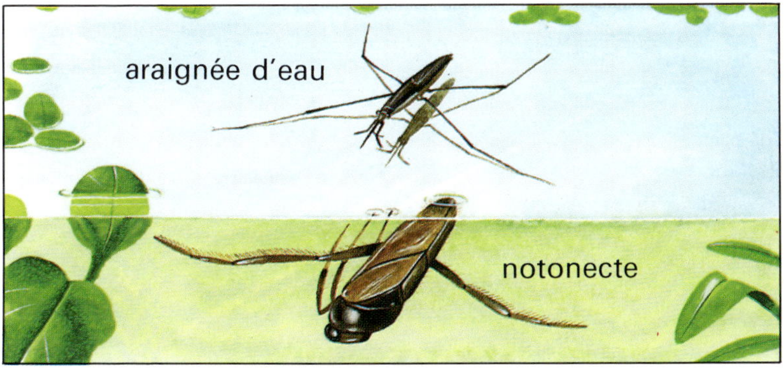

Les papillons

Les insectes pondent des œufs. Le machaon dépose les siens sur une plante que ses petits mangeront, puis il s'envole avant l'éclosion.

De chaque œuf sort une chenille. Elle a un fort appétit et grandit vite.

Puis la chenille se transforme en une chrysalide. Quand elle s'ouvrira, un beau papillon en sortira.

Nid de guêpes

Certains insectes vivent en vastes groupes. Un seul nid peut contenir 8 000 guêpes.

Au printemps, une reine guêpe gratte des éclats de bois, qu'elle broie et mélange à de la salive. Ce produit sert à construire un nid fait de petites pièces : les alvéoles.

La reine pond un œuf dans chaque alvéole. Après l'éclosion, elle attrape des insectes pour nourrir ses larves qui ne quitteront les alvéoles qu'à l'âge adulte.

Elles deviennent alors des ouvrières qui s'occupent du nid et de l'alimentation de la reine et de ses nouvelles larves.

Les vers de terre

Les vers de terre sont étranges : ils n'ont ni yeux, ni oreilles, ni pattes. Ils font partie du groupe des annélides.

Les vers de terre vivent sous la terre, dans des tunnels. Ils rampent sur le sol à l'aide de soies minuscules.

Les vers de terre avalent de la terre pendant qu'ils construisent leurs tunnels. Ils mangent des plantes mortes sous terre.

Leurs déjections forment de petits tas à la surface du sol.

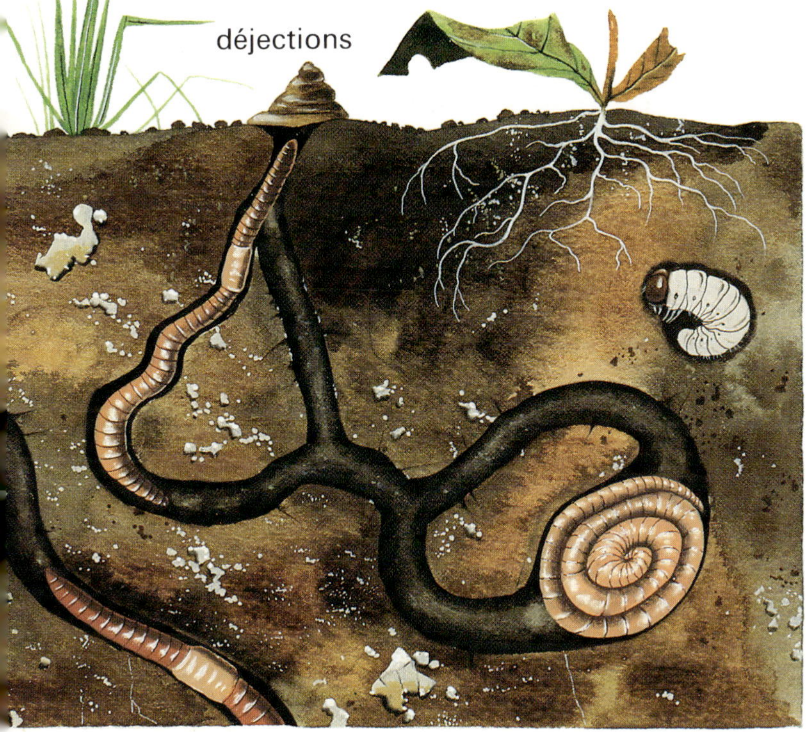

La nuit, les vers de terre cherchent des feuilles mortes sur le sol. Mais ils les mangent dans leur cachette, en sécurité.

Sais-tu que...

Le plus long animal du monde est un ver qui mesure 60 m.

L'araignée à lasso balance un fil terminé par une boule collante, comme un pendule. Ce mouvement attire et piège les insectes.

L'araignée néphile qui vit en Asie du Sud-Est tisse les plus grandes toiles (2 m de largeur environ). La soie est si solide qu'on en fait des filets de pêche.

Le crabe des cocotiers vit sur terre et grimpe aux arbres pour manger les fruits, comme les noix de coco, qu'il casse.

Le perce-oreille lèche ses œufs et ses petits pour qu'ils restent propres.

Cherchons de A à Z